AF282883

Norberto Domínguez Jurado (Málaga, 1987) es maestro de Educación Física. Doctor en Ciencias de la Educación por la Universidad de Málaga, ha trabajado como docente desde el año 2009 en Andalucía, ejerciendo también la función de director en varios centros educativos y desarrollando su principal actividad en la capital de la Costa

del Sol. Allí también obtuvo la Licenciatura en Pedagogía y la Licenciatura en Psicopedagogía, complementando su formación en materia de educación. También es Grado EEES de Maestro en Educación Primaria por la Universidad Internacional Isabel I, Máster EEES en Innovación Educativa por la Universidad de Málaga y Máster EEES en Psicología Infantil por la Universidad Internacional de Valencia.

Ha obtenido el reconocimiento de diversos certámenes y premios de Innovación educativa, destacando el Premio Autonómico Joaquín Guichot (2015 y 2017) y el Premio Nacional Escuela Infantil (2017 y 2020).

María Isabel Martín (Antequera, Málaga, 1996) es maestra de Educación Física.

Grado de Maestra por la Universidad de Málaga, comenzó su carrera profesional en la escuela pública andaluza en el año 2019.

Continuando su compromiso con la Innovación Educativa, ha obtenido el Máster en Psicopedagogía y el Máster en Prevención e Intervención Psicológica en Problemas de Conducta en la Escuela.

N̲orberto D̲omínguez J̲urado
M̲aría I̲sabel M̲artín A̲randa

INTELIGENCIA ARTIFICIAL EN EDUCACIÓN FÍSICA

Principios Básicos

ÍNDICE

Prólogo

En el mismo origen de la *Educación Física,* la figura del ser humano y sus necesidades ha sido vital: *supervivencia, alimentación, adaptación, camuflaje, interacción.* Valores que potencian todas las disposiciones de la identidad de una persona a lo largo de su vida.

Partiendo de esta realidad, la tecnología ha venido para quedarse. Son cada vez más numerosos y de mayor profundidad los cambios que está produciendo la tecnología en la sociedad. La *Inteligencia Artificial* (en adelante, IA) es solo la punta del iceberg: la cuantificación de lo incuantificable, la modificación de lo inmodificable. Es solo un comienzo, y en no demasiado tiempo podremos comprobarlo.

Esta obra trae consigo un interesante aporte sobre su aplicación práctica, recogiendo propuestas de gran calado para el alumnado en general y contribuyendo a la mejora de nuestra Educación Física.

El momento es ahora.

La Educación Física, de la mano con la **IA**.

José Luis Chinchilla Minguet
Catedrático en Educación Física por la Universidad de Málaga

Capítulo I

1. Inteligencia Artificial para aprender en la escuela

1. Inteligencia Artificial para aprender en la escuela

Los cambios producidos en el mundo en los últimos tiempos conducen a pensar en una nueva era, un ciclo en el que la tecnología toma el testigo de forma definitiva en detrimento de la actividad humana (Esteve, 2008). Ahora bien, *¿Será fruto de la máquina o representa un avance más de las personas?*

Estas dudas quedan patentes en nuestra actualidad con un término que entra de lleno en nuestras vidas: la *Inteligencia Artificial*. Hace no demasiado era difícil imaginar si quiera que un programa pudiese suplantar nuestra imagen, voz o incluso *identidad*. Hoy es una **realidad**.

Los cambios siempre vienen acompañados de inevitables peligros que, en este caso, trascienden incluso a lo tecnológico. Sin embargo, su prominente aparición cobra un aliado inesperado: el **sistema educativo** con la escuela como escenario.

La integración de la *Inteligencia Artificial* **(IA)** en el ámbito educativo representa una innovación significativa en la forma en que se aborda el aprendizaje y la enseñanza (Larson, 2022).

Uno de los aspectos más destacados de la IA en la educación es su capacidad para personalizar el proceso de aprendizaje (Torrijos y Sánchez, 2023). Los sistemas de **tutoría inteligente** pueden analizar el rendimiento individual de cada estudiante y adaptar el contenido y la metodología de enseñanza para satisfacer sus necesidades específicas.

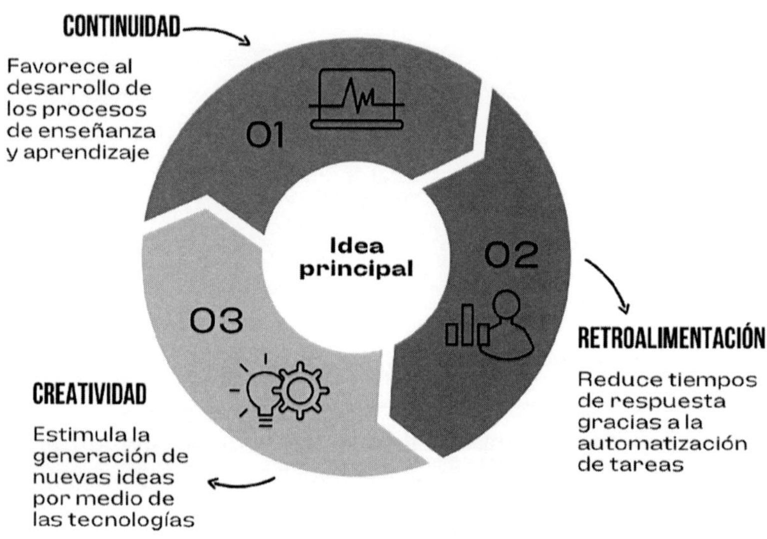

Gráfico 1. "Ventajas de la Inteligencia Artificial en la escuela"
Fuente: *elaboración propia por los autores de la obra.*

 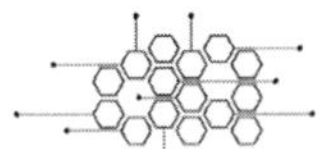

Las posibilidades que ofrece significan que los estudiantes pueden avanzar a su propio ritmo, reforzando las áreas de debilidad y profundizando en sus fortalezas (Domínguez, 2020).

Su aparición constata la presencia de este ámbito como una herramienta invaluable para una retroalimentación inmediata y precisa. Los **algoritmos** pueden evaluar tareas y exámenes de manera rápida y objetiva, lo que libera tiempo valioso para los educadores. Esta retroalimentación instantánea permite a los estudiantes corregir errores de inmediato y comprender sus áreas de mejora, lo que acelera el proceso de aprendizaje.

Su potencial en educación se traduce en **democratizar** el acceso a la información de alta calidad (Larson, 2022). Plataformas en línea con tecnología de IA pueden proporcionar contenido educativo en múltiples idiomas y adaptarse a diferentes estilos de aprendizaje.

Esto significa que estudiantes de todo el mundo pueden acceder a *material educativo* de calidad, independientemente de su ubicación o circunstancias.

La pandemia por COVID-19 trajo consigo la consolidación del medio de medios telemáticos por pura necesidad. La población mundial se ha percatado, con consciencia operativa, de que se puede estar en un sitio sin necesidad de personarse.

La *educación contemporánea* demanda un enfoque en el desarrollo de habilidades como el pensamiento crítico, la resolución de problemas y la creatividad. La IA puede facilitar este proceso al proporcionar entornos de aprendizaje interactivos y desafiantes. Los estudiantes pueden participar en simulaciones y proyectos que les permiten aplicar el conocimiento de una manera práctica y significativa. A pesar de los beneficios evidentes, la implementación de la IA en la educación no está exenta de desafíos. La protección de la **privacidad** de los datos de los estudiantes, la equidad en el acceso a la tecnología y la necesidad de una capacitación continua para los educadores son aspectos críticos que deben ser abordados.

El profesorado se enfrenta así a un reto sin precedentes: romper definitiva con la brecha digital y prepararse para la que está por venir. En una sociedad completamente digitalizada e inmersa en el devenir de los avances tecnológicos, el ***papel*** del docente representa un valor imprescindible.

Es esencial que la implementación de la **IA** en educación se realice de manera ética y responsable, con el objetivo de maximizar sus beneficios para todos los estudiantes. El papel de los centros educativos se pone en el centro de la *"diana"* de nuevo.

Capítulo II

2. Inteligencia Artificial para prevenir lesiones

2. Inteligencia Artificial para prevenir lesiones

La prevención de **lesiones** en educación física es fundamental para garantizar un ambiente seguro y propicio para el aprendizaje y desarrollo físico de los estudiantes (Metzi y Zimmerman, 2014).

Para lograr esto, resulta esencial implementar una serie de ***medidas y estrategias*** que minimicen los riesgos de lesiones durante las actividades físicas y deportivas. Destacan algunas pautas clave para la prevención de lesiones.

1. Instalaciones

En primer lugar, es crucial contar con instalaciones y equipamiento adecuado. Los espacios de práctica deben estar bien acondicionados y libres de obstáculos, con superficies uniformes y adecuadas para cada tipo de actividad.

El equipamiento debe estar en buen estado y ser apropiado para la edad y nivel de habilidad de los estudiantes. Antes de llevar a cabo cualquier actividad física, es fundamental realizar una evaluación exhaustiva de los riesgos potenciales asociados a las instalaciones y equipamientos. Los espacios de práctica deben estar bien acondicionados y libres de obstáculos, con superficies uniformes y adecuadas para cada tipo de actividad. Además, se debe verificar que el equipamiento esté en buen estado y sea apropiado para la edad y nivel de habilidad de los estudiantes.

2. Control

La supervisión y orientación constante por parte del docente de educación física es esencial. Este debe estar atento a la correcta ejecución de los ejercicios y corregir cualquier técnica inadecuada de manera oportuna. Asimismo, debe fomentar una actitud responsable y consciente en los estudiantes respecto a su propio cuerpo y sus límites.

3. Preparación

El calentamiento y estiramiento antes de la actividad física son prácticas esenciales para preparar el cuerpo y prevenir lesiones. Un calentamiento adecuado aumenta la temperatura corporal y la circulación sanguínea, lo que facilita el funcionamiento óptimo de los músculos y articulaciones. Los estiramientos ayudan a mejorar la flexibilidad y reducir la tensión muscular, lo que disminuye el riesgo de tirones o desgarros.

4. Graduación

La progresión gradual en la intensidad y complejidad de las actividades es otra estrategia importante. Los estudiantes deben avanzar de forma gradual en su nivel de habilidad y resistencia, permitiendo que sus cuerpos se adapten de manera adecuada. Esto implica diseñar planes de entrenamiento que consideren el estado físico inicial de cada individuo y establezcan metas realistas y alcanzables.

 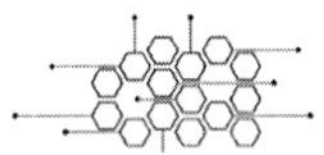

5. Responsabilización

Promover una cultura de seguridad y respeto entre los estudiantes es necesario. Esto implica enseñarles la importancia de cuidar su propio cuerpo y el de sus iguales, así como seguir las indicaciones del docente en todo momento. La prevención de lesiones en educación física requiere una combinación de factores, que van desde la adecuación de instalaciones y equipamiento, hasta la supervisión activa del **docente** y la promoción de una actitud responsable por parte de los estudiantes.

¿CÓMO PUEDE CONTRIBUIR LA APLICACIÓN DE LA INTELIGENCIA ARTIFICIAL A LA PREVENCIÓN DE LESIONES EN EDUCACIÓN FÍSICA?

La utilización de *Inteligencia Artificial* (**IA**) en la prevención de lesiones ha emergido como una herramienta poderosa en el ámbito deportivo y de la educación física. Esta tecnología avanzada ofrece una serie de ventajas y posibilidades innovadoras para reducir riesgos y optimizar el rendimiento físico. Específicamente, en el campo de la prevención de lesiones, presentan formas de prevención exitosas:

1. Análisis Biomecánico

La IA puede analizar patrones de movimiento y biomecánica para identificar deficiencias en la técnica de ejecución. Utilizando sensores y cámaras de alta velocidad, se puede recopilar información detallada sobre la postura, alineación corporal y fuerzas aplicadas durante una actividad física.

Con esta data, se pueden detectar desviaciones que podrían predisponer a lesiones y proponer recomendaciones para corregirlas: *analizar la pisada, la flexión de rodilla, la extensión de un codo.*

2. Monitoreo de Cargas de Entrenamiento

La IA puede analizar grandes cantidades de datos relacionados con la carga de entrenamiento, incluyendo la *intensidad, duración y frecuencia* de las sesiones. Esto permite evaluar el equilibrio entre el esfuerzo y la recuperación, previniendo el sobreentrenamiento y las lesiones asociadas.

Su aplicación es extensible al horario lectivo, favoreciendo al autocuidado fuera del colegio y promoviendo una educación física global e integral para toda la vida.

3. Diagnóstico y Prevención Temprana

A través de algoritmos de aprendizaje automático, la IA puede detectar patrones que sugieran una predisposición a lesiones. Por ejemplo, en el análisis de imágenes médicas, puede identificar *anomalías o señales tempranas de deterioro en tejidos o articulaciones,* permitiendo una intervención preventiva antes de que el problema se agrave.

Se retoma así la histórica reivindicación de contar con un profesional sanitario en cada centro educativo para establecer un exhaustivo seguimiento sobre la evolución de los educandos y sus inquietudes, además de para conocer aquellos aspectos destacados en el desarrollo

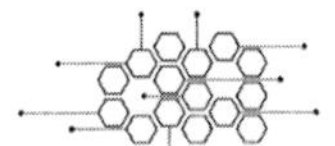

del menor desde que se encuentra escolarizado en un determinado contexto.

4. Personalización motriz

La IA puede utilizar datos individuales, como historiales médicos, *niveles de condición física* y objetivos de entrenamiento, para generar recomendaciones personalizadas. Esto incluye pautas sobre tipos de actividad, intensidades y duraciones específicas para cada persona, minimizando así el riesgo de lesiones asociadas a un entrenamiento inadecuado.

Quizás pueda ser un gran momento para incentivar la atención a la diversidad aplicada a la educación física, estableciendo patrones de actuación en base a las circunstancias presentes del sujeto, pudiendo contribuir a la mejora de los recursos disponibles para el docente, garantizando su inclusión.

5. Predicción de lesiones basada en datos

Mediante el análisis de datos longitudinales, la IA puede predecir la probabilidad de que un individuo sufra ciertos *tipos de lesiones*. Esto permite implementar estrategias de prevención dirigidas, como ejercicios específicos de fortalecimiento o cambios en el programa de entrenamiento, para reducir el riesgo.

La predisposición de cada persona a sufrir una lesión siempre ha sido una de las mayores dificultades en la materia de educación física. Son muchos los casos de discentes que reproducen una misma lesión varias veces durante el curso escolar.

6. Automatización de registros y seguimiento

La IA puede facilitar la recopilación y el análisis de datos de salud y rendimiento, lo que permite un seguimiento más preciso y detallado de la evolución física de los individuos. Esto ayuda a identificar tendencias a lo largo del tiempo y a tomar decisiones más informadas sobre la prevención de lesiones.

De la misma forma, contribuye a la mejora del proceso evaluativo docente y discente, facilitando la generación de propuestas de mejora para recopilar datos del alumnado.

En conclusión, la integración de IA en la **prevención de lesiones en educación física** y el ámbito deportivo ofrece un enfoque innovador y altamente efectivo para minimizar riesgos y maximizar el rendimiento físico.

Al aprovechar la capacidad de la IA para analizar grandes volúmenes de datos y detectar patrones, se puede proporcionar un enfoque más personalizado y preciso hacia la prevención de lesiones. Esto, a su vez, contribuye a un entorno más seguro y beneficioso para el *desarrollo físico y deportivo* de los individuos.

Gráfico 2. "Contribución de la IA en la prevención de lesiones"
Fuente: *elaboración propia por los autores de la obra.*

CAPÍTULO III

3. Inteligencia Artificial para comprender las reglas

3. Inteligencia Artificial para comprender las reglas

Las **reglas** en *Educación Física* son pautas y normas establecidas para garantizar un entorno seguro y organizado durante las actividades físicas y deportivas (Blázquez, 2022). Estas reglas son fundamentales para promover el aprendizaje efectivo, el desarrollo físico adecuado y la convivencia entre los participantes. Desde el nacimiento de esta asignatura, algunas de las consignas principales giraban en torno a diferentes campos de actuación: la *seguridad* en el espacio de desarrollo, manteniendo lo más libre posible el escenario de obstáculos, el uso del *equipamiento* necesario para poder aplicar todas las funcionalidades de la práctica, la *actitud respetuosa,* la seguridad en la *ejecución de movimientos* y el cumplimiento de los *tiempos* y horarios establecidos.

¿Cómo puede contribuir la aplicación de la Inteligencia Artificial al conocimiento de las reglas en Educación Física?

La *Inteligencia Artificial* (**IA**) tiene un papel cada vez más importante en la educación física, especialmente en lo que respecta a la comprensión y aplicación de reglas en diferentes deportes. A través de algoritmos y técnicas de aprendizaje automático, la IA puede ayudar a los discentes a comprender y aplicar reglas de manera efectiva, siendo conscientes de su repercusión y aplicación, diferenciando:

1. Simulaciones interactivas

La IA puede proporcionar simulaciones interactivas que permite al alumnado experimentar situaciones específicas de un deporte o actividad. Estas simulaciones pueden ayudar a comprender mejor las reglas y cómo se aplican en diferentes escenarios de juego. Por ejemplo, en el fútbol, una simulación puede ilustrar situaciones de fuera de juego.

2. Análisis de vídeos y detección de infracciones

La IA puede ser entrenada para analizar videos de juegos y detectar infracciones o violaciones de las reglas. Esto es especialmente útil para revisar jugadas en retrospectiva y entender por qué se tomaron ciertas decisiones durante un juego. Visualizar un error favorece a la interpretación correcta de una norma, retroalimentando su conocimiento.

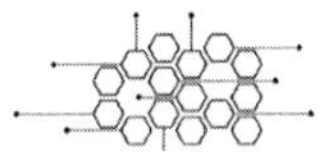

3. Interpretación de lenguaje natural

La IA puede ser programada para interpretar y responder a preguntas sobre las reglas de un deporte o actividad física. Esto puede ayudar a los discentes a aclarar dudas y a reforzar su comprensión de las reglas. Por ejemplo, en consignas propias de una disciplina deportiva que previamente se desconozcan.

4. Escenarios de entrenamiento personalizados

La IA puede generar escenarios de entrenamiento personalizados que desafíen a los estudiantes a aplicar las reglas en diferentes situaciones. Estos escenarios pueden adaptarse al nivel de habilidad y conocimiento de cada discente. Lo mismo ocurre con niveles de progresión de una determinada unidad, en donde se pretende avanzar con mayor o menor intensidad, en mayor o menor cantidad de tiempo.

5. Retroalimentación inmediata

La IA puede proporcionar retroalimentación inmediata sobre las decisiones tomadas por un estudiante en un juego o situación simulada. Esto ayuda a corregir malentendidos o interpretaciones incorrectas de las reglas de manera oportuna.

El **vídeo-arbitraje** ya es una realidad en disciplinas deportivas como el fútbol, en donde existe la figura del VAR y su posterior toma de decisiones tras consultar con los especialistas que en ese momento velan por el cumplimiento del correspondiente reglamento deportivo.

6. Adaptación a diferentes deportes

La IA puede ser programada para comprender y aplicar reglas en una amplia variedad de deportes, desde rugby y baloncesto hasta tenis y voleibol. Esto permite a los estudiantes familiarizarse con las reglas de múltiples disciplinas. Su adaptación resulta favorecedora para el conocimiento de estos deportes y su posterior puesta en práctica.

7. Evaluación y seguimiento del progreso.

La IA puede llevar a cabo evaluaciones automatizadas para determinar el nivel de comprensión de las reglas por parte de los discentes. Esto permite un seguimiento del progreso a lo largo del tiempo y la identificación de áreas que requieren más atención. La automatización de contextos es sinónimo de la agilización de determinadas situaciones formales de carácter burocrático, contribuyendo al desarrollo en su conjunto del discente en el centro.

8. Generación de escenarios de juego

La IA puede crear entornos de juego virtuales que simulan situaciones reales en un partido, competición o práctica. Esto ayuda al alumnado a aplicar las reglas en un contexto práctico y a entender cómo se implementan en un entorno competitivo.

De cualquier forma, favorece a la asimilación del sujeto respecto a su ubicación espacial en el escenario de juego disponible. La ***Inteligencia Artificial*** puede ser una herramienta valiosa en la Educación Física para ayudar al alumnado a comprender y aplicar las reglas de diferentes deportes o actividades físicas.

 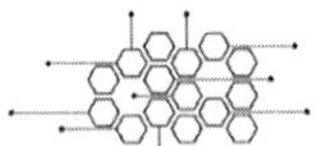

Al proporcionar simulaciones interactivas, análisis de vídeos, interpretación de lenguaje natural y retroalimentación inmediata, la IA puede mejorar significativamente la forma en que los estudiantes aprenden sobre las reglas en el ámbito deportivo.

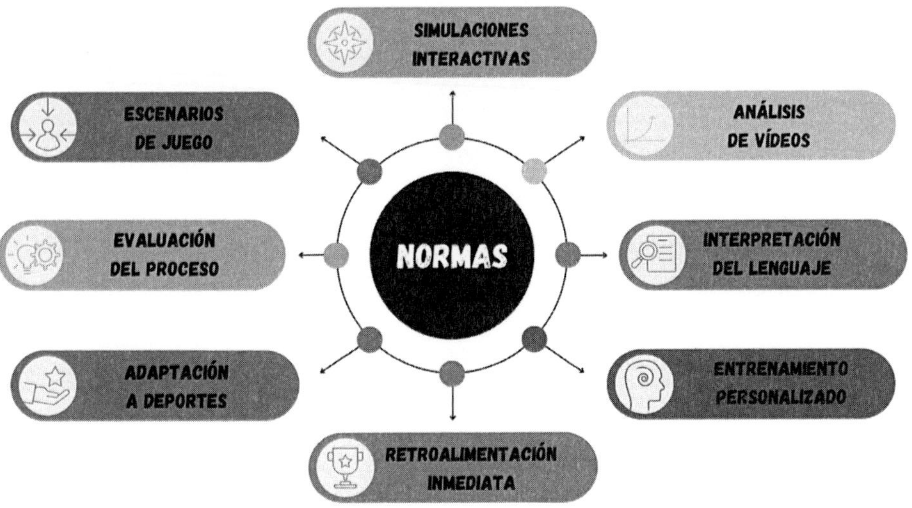

Gráfico 3. "Contribución de la IA en la comprensión de reglas"
Fuente: *elaboración propia por los autores de la obra.*

Capítulo IV

4. Inteligencia Artificial para organizar competiciones

4. Inteligencia Artificial para organizar competiciones

El fomento de la actividad física en el tiempo escolar supone un verdadero reto para la escuela contemporánea: los **porcentajes** relativos a **obesidad infantil** siguen aumentando año tras año, poniendo en evidencia la ausencia de actividad física respecto a décadas anteriores (Domínguez, 2022).

La contribución en la organización en la asignatura de educación física por parte de la *Inteligencia Artificial* representa un baluarte desde el punto de vista procedimental: la celeridad en la que se constituyen procesos decanta una balanza cada vez más decantada hacia la influencia tecnológica.

El profesorado especialista en ***educación física***, de forma tradicional, ha visto mermado su tiempo lectivo según la época vivenciada. Ello ha incidido de forma directa en la disponibilidad para realizar ciertos trámites de carácter organizativo. En este sentido, la *Inteligencia Artificial* supone un avance profundo.

¿Cómo puede contribuir la aplicación de la Inteligencia Artificial a la organización de competiciones en Educación Física y en la escuela?

La *Inteligencia Artificial* (**IA**) favorece a la automatización de procesos que, de manera cotidiana, requerirían una cantidad de tiempo excesivamente valiosa para ser invertida en la didáctica de la asignatura o para garantizar e tiempo disponible necesario en **compromiso motor.**

Las numerosas ventajas que ofrece para organizar competiciones en una amplia variedad de campos inciden en el valor de las tecnologías aplicadas al campo de la actividad física, siendo:

1. Automatización de Procesos

La **IA** puede automatizar muchas tareas repetitivas y laboriosas asociadas con la organización de competiciones. Esto incluye la gestión de registros, la programación de eventos, la gestión de inscripciones, y la comunicación con los participantes.

2. Análisis de Datos Avanzado

La **IA** puede procesar grandes cantidades de datos de manera rápida y eficiente, lo que permite realizar un análisis exhaustivo y proporcionar información valiosa para mejorar la planificación y ejecución de **futuras competiciones.**

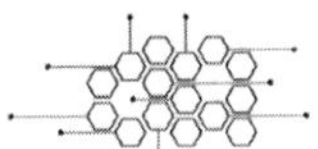

3. Optimización de Programas y Horarios

La **IA** puede ayudar a determinar los mejores horarios y la distribución óptima de actividades para maximizar la eficiencia y la participación. También puede tener en cuenta las preferencias y limitaciones de los participantes.

4. Personalización y Experiencia del Participante

La **IA** puede **personalizar** la experiencia para los participantes, ofreciendo recomendaciones personalizadas sobre eventos, horarios, alojamiento y otras necesidades individuales.

5. Detección de Fraudes y Trampas

La **IA** puede ayudar a identificar comportamientos fraudulentos o actividades no éticas durante las competiciones, como el uso de trampas o la manipulación de resultados.

6. Mejora de la Seguridad

La **IA** puede utilizar sistemas de vigilancia y análisis de vídeo para garantizar la seguridad de los participantes y espectadores durante la competición.

7. Optimización de Recursos

La **IA** puede ayudar a asignar recursos, como espacios y personal, de manera más eficiente para reducir costos y maximizar la utilidad de los recursos disponibles.

8. Predicciones y Pronósticos

Utilizando datos históricos y patrones de comportamiento, la **IA** puede realizar predicciones sobre aspectos como la asistencia, el desempeño de los participantes y la popularidad de los eventos.

9. Facilitar la Comunicación y la Interacción

Los chatbots y sistemas de asistencia virtual impulsados por **IA** pueden facilitar la comunicación entre los organizadores y los participantes, brindando respuestas rápidas a preguntas frecuentes y proporcionando información relevante.

10. Imparcialidad y transparencia

La **IA** puede ayudar a garantizar un proceso de toma de decisiones imparcial y transparente, evitando sesgos o preferencias personales.

11. Accesibilidad mejorada

La **IA** puede ser utilizada para crear soluciones que hagan que las competiciones sean más accesibles para personas con discapacidades, como sistemas de interpretación en tiempo real o interfaces de usuario adaptativas.

12. Adaptación a circunstancias cambiantes

La **IA** puede analizar datos en tiempo real y ajustar la planificación y logística de la competición en respuesta a cambios inesperados, como condiciones climáticas adversas o problemas de seguridad. En resumen, la *Inteligencia Artificial* puede ser una herramienta poderosa para mejorar la organización y ejecución de **competiciones**, brindando beneficios que van desde la eficiencia operativa hasta la mejora de la experiencia del participante y su entorno.

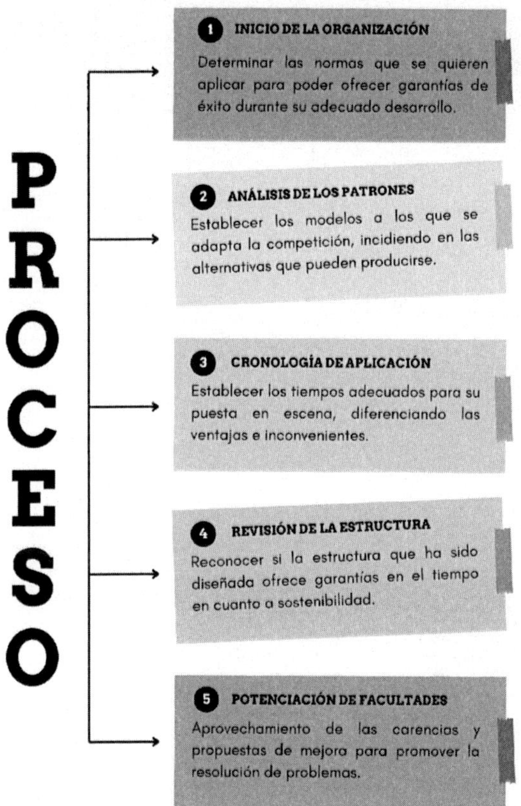

Gráfico 4. "Influencia de la IA en las competiciones"
Fuente: *elaboración propia por los autores de la obra.*

CAPÍTULO V

5. Inteligencia Artificial para evaluar al alumnado

5. Inteligencia Artificial para evaluar al alumnado

Las diferentes **leyes educativas** han ido atropellando, con el paso de los años, la integridad de aquellos que hacían uso de ellos: es decir, el profesorado. La ardua misión de evaluar se ha visto ensombrecida en los últimos años por una constante burocratización de todos y cada uno de los parámetros a desarrollar (Domínguez, 2022).

La **evaluación** es un tema que puede resultar pretencioso si no se ajusta al contexto escolar, incidiendo negativamente en e desarrollo integral del alumnado durante su escolarización. En el área de Educación Física un papel crucial en el desarrollo integral de los estudiantes, aportando una serie de beneficios significativos (Larson, 2022).

En primer lugar, permite medir de manera **objetiva** el progreso en **habilidades motrices, fuerza** y **resistencia**, proporcionando una visión clara del nivel de condición física de cada estudiante.

Además, la **evaluación** en este ámbito fomenta la autoconciencia y la responsabilidad personal. Los estudiantes, al recibir retroalimentación sobre su desempeño, son capaces de comprender sus fortalezas y áreas de mejora, promoviendo así la autogestión de su salud y bienestar. También contribuye al desarrollo de **habilidades sociales** y emocionales. La participación en actividades deportivas y la evaluación en equipo fomentan el trabajo colaborativo, la comunicación efectiva y el respeto mutuo, construyendo un sentido de comunidad entre los estudiantes. Otro beneficio destacado es la promoción de **estilos de vida saludables**.

La **evaluación** en ***Educación Física*** no solo mide el rendimiento físico, sino que también educa sobre la importancia de mantener una actividad física regular y hábitos nutricionales adecuados, contribuyendo así a la prevención de enfermedades relacionadas con el sedentarismo.

En definitiva, va más allá de medir habilidades físicas; promueve el **desarrollo integral** de los estudiantes al cultivar la autoconciencia, las **habilidades sociales**, y fomentar **estilos de vida saludables**, aspectos esenciales para su bienestar a lo largo de la vida. El conocimiento en profundidad de las ventajas de aplicar la **IA** al desarrollo del currículo ofrece múltiples alternativas, incidiendo en la capacidad del alumnado para adaptarse a **situaciones diversas** y de relativas.

¿CÓMO PUEDE CONTRIBUIR LA APLICACIÓN DE LA INTELIGENCIA ARTIFICIAL A LA EVALUACIÓN EN EDUCACIÓN FÍSICA Y EN LA ESCUELA?

La *Inteligencia Artificial* **(IA)** representa la capacidad de agilizar ciertos procesos en lo que respecta al sistema educativo. Concretamente, en el Área de Educación Física existen diversos aspectos a tener presentes:

 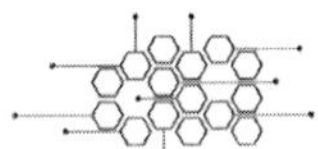

1. Personalización del aprendizaje

La **IA** puede adaptar las evaluaciones según el ritmo y las necesidades individuales de cada estudiante, lo que permite una experiencia de aprendizaje más personalizada.

2. Retroalimentación Inmediata

Los sistemas de **IA** pueden proporcionar retroalimentación instantánea a los estudiantes sobre su desempeño en las evaluaciones, lo que les permite identificar áreas de mejora de manera rápida y eficiente.

3. Análisis de Datos

La **IA** puede analizar grandes cantidades de datos de evaluación para identificar patrones y tendencias en el rendimiento estudiantil, lo que puede ayudar a los docentes a ajustar sus métodos de enseñanza y diseño curricular.

4. Detección de Tendencias de Aprendizaje

Los algoritmos de **IA** pueden identificar las fortalezas y debilidades de los estudiantes, así como las tendencias de aprendizaje a lo largo del tiempo, lo que permite a los educadores ofrecer intervenciones personalizadas y estrategias de apoyo.

5. Reducción de Sesgos

La **IA** puede ayudar a minimizar los sesgos en las evaluaciones al proporcionar criterios de evaluación objetivos y consistentes, lo que promueve la equidad en el proceso de evaluación.

6. Automatización de Tareas Administrativas

La **IA** puede automatizar muchas tareas administrativas relacionadas con la evaluación, como la corrección de exámenes, la generación de informes de calificaciones y la organización de datos, liberando tiempo para que los docentes se centren en actividades interactivas y de apoyo.

En conjunto, estas ventajas pueden mejorar la eficiencia y la efectividad de la evaluación en el entorno educativo, beneficiando tanto a estudiantes como a educadores.

De hecho, la proliferación de aplicaciones y programas destinados a sistematizar los procesos de evaluación están llenando las rutinas docentes y discentes en el día a día de la realidad escolar. Su influencia es tan elevada que hasta las Administraciones educativas están apostando en sus *"plataformas oficiales"* por este tipo de iniciativas: soportes que generan hipotéticas calificaciones aproximadas en relación a los indicadores empleados.

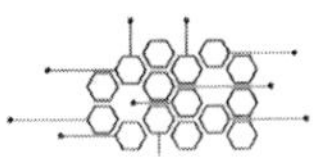

Gráfico 5. "Influencia de la IA en evaluación"
Fuente: *elaboración propia por los autores de la obra.*

Capítulo VI

6. Inteligencia Artificial para atender a la diversidad

6. Inteligencia Artificial para atender a la diversidad

La **atención a la diversidad** es una realidad cada vez más presente en nuestro día a día: la escuela representa la diversidad extensible a la **sociedad** que constituyen las personas (Torrijos y Sánchez, 2023).

La necesidad de ofrecer una respuesta educativa certera y efectiva se topa de bruces con el exceso de burocracia y ausencia de recursos suficientes en la mayoría de **contextos educativos.** En el compromiso docente se incluye el interés por desarrollar estrategias adaptativas y personalizadas ante circunstancias particulares de diversidad. En este sentido, es la *Inteligencia Artificial* **(IA)** herramienta especialmente útil para su adecuada aplicación.

¿Cómo puede contribuir la aplicación de la Inteligencia Artificial a la atención a la diversidad en la Educación Física y la escuela?

Las ventajas de la *Inteligencia Artificial* en la aplicación sobre la atención a la diversidad en Educación Física suscita gran interés en el campo educativo. De forma específica, permite:

La *inteligencia artificial* puede desempeñar un papel crucial en atender a la diversidad en el contexto escolar de varias maneras:

1. Adaptación del contenido

Los sistemas de **IA** pueden adaptar el contenido educativo para satisfacer las necesidades y estilos de aprendizaje diversos, brindando una experiencia de aprendizaje más inclusiva.

2. Personalización del aprendizaje

Al analizar datos sobre el rendimiento y preferencias de los estudiantes, la **IA** puede personalizar los planes de estudio, proporcionando material educativo que se ajuste a las habilidades y ritmos individuales de cada estudiante.

3. Apoyo a la enseñanza inclusiva

La **IA** puede ofrecer herramientas y recursos que faciliten la enseñanza inclusiva, como la traducción automática para estudiantes con barreras lingüísticas o la adaptación de materiales para estudiantes con discapacidades.

4. Detección temprana de dificultades

Los algoritmos de **IA** pueden identificar patrones que indican posibles dificultades de aprendizaje, permitiendo intervenciones tempranas y personalizadas para ayudar a los estudiantes a superar desafíos específicos.

5. Herramientas de accesibilidad

La **IA** puede desarrollar herramientas de accesibilidad, como lectores de pantalla mejorados o software de reconocimiento de voz, para apoyar a estudiantes con discapacidades, facilitando su participación activa en el aprendizaje.

6. Fomento de la diversidad cultural

Los educandos se pueden ver representados y comprendan diferentes perspectivas culturales. Al aprovechar la *Inteligencia Artificial* **(IA)** de manera ética y cuidadosa, las instituciones educativas pueden mejorar significativamente la atención a la diversidad, promoviendo un ambiente más inclusivo y equitativo.

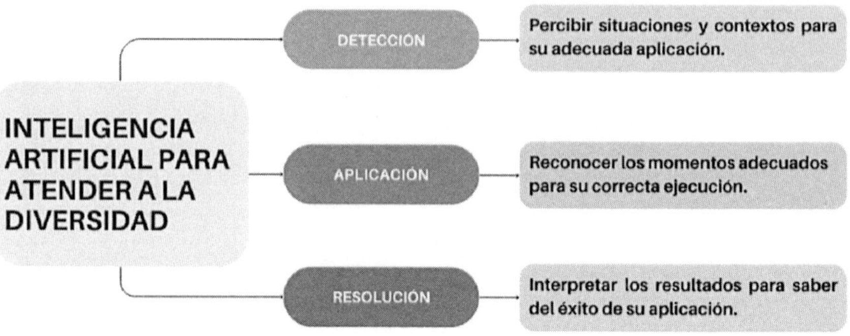

Gráfico 6. "Influencia de la IA en la atención a la diversidad"
Fuente: *elaboración propia por los autores de la obra.*

Síntesis

La incorporación de la *Inteligencia Artificial* (**IA**) en la *Educación Física* representa avances significativos que mejoran la experiencia de aprendizaje y el rendimiento del alumnado. La creación de programas de entrenamiento personalizados, teniendo en cuenta las capacidades físicas individuales, historiales médicos y metas específicas de los estudiantes asegura que cada discente reciba un plan de ejercicios adaptado a sus necesidades y habilidades.

La presencia de dispositivos inteligentes y sensores vinculados a la **IA** permiten también el monitoreo en tiempo real del **rendimiento físico** del alumnado. Esto no solo ofrece datos precisos sobre el progreso, sino que también facilita retroalimentación inmediata para ajustar y mejorar la técnica y el esfuerzo durante las actividades físicas.

El fomento de **hábitos saludables** al proporcionar información sobre la nutrición, el sueño y otros aspectos relacionados con el bienestar físico alberga otro de los importancias beneficios de esta tecnología al campo de la Educación Física. Esto forma a los estudiantes sobre la importancia de un estilo de vida saludable.

La **personalización** de la enseñanza a través de la **IA** es particularmente beneficiosa en el contexto de la Educación Física, ya que permite adaptarse a las diversas habilidades y necesidades de los estudiantes, garantizando que todos puedan participar y progresar a su propio ritmo.

Finalmente, la recopilación y análisis de datos mediante la **IA** facilita al profesorado la toma de decisiones informadas sobre los programas de educación física. Esto ayuda a ajustar el plan de estudios para abordar las tendencias y necesidades específicas de los estudiantes.

En conjunto, estos avances demuestran cómo la *Inteligencia Artificial* (**IA**) puede enriquecer la *Educación Física* al proporcionar herramientas y enfoques diversos que beneficien a los miembros de la comunidad educativa.

El **reto** se encuentra en **gestionar** su aplicación.

La **Educación Física** del futuro comienza **aquí**.

Málaga, 6 de febrero de 2024.

Referencias Bibliográficas

Adell, J. (1997). *Tendencias en la sociedad de las tecnologías de la información.* Madrid: Edutec.

Alberti, M. y Romero, L. (2010). *Alumnado con discapacidad visual.* Barcelona: Graó.

Antón, J. (1989). *Entrenamiento deportivo en edad escolar.* Málaga: Unisport.

Arráez J.M. et al. (1995). *Aspectos básicos de la educación física en primaria.* Manual para el maestro. Sevilla: Wanceulen.

Arranz, E. (1988). *El juego escolar. Madrid: Escuela Española.*

Bernal, J.A. (2005). *La relajación y la respiración en la educación física y el deporte.* Sevilla: Wanceulen.

Bisquerra, R. (2004). *Metodología de la investigación educativa. Madrid: La Muralla.*

Blázquez, D. (1990). *Evaluar en educación física. Barcelona: Inde.*

Blázquez, D. (1995). *La iniciación deportiva y el deporte escolar. Barcelona: Inde.*

Blázquez, D. (2011). *Diez competencias docentes para ser mejor profesor de educación física: la gestión didáctica de la clase.* Barcelona: Inde.

Blázquez, D. et al. (2016). *Métodos de enseñanza en educación física.* Barcelona: Inde.

Blázquez, D. (2022). *Métodos de enseñanza en educación física.* Barcelona: Inde.

Bolívar, A. (1995). *La evaluación de los valores y actitudes.* Madrid: Anaya.

Bouet, M. (1995). *Signification du sport. París: L 'Harmattan.*

Blum, M. (2000). *Los estiramientos. Barcelona: Hispano Europea.*

Cagigal, J.M. (1990). *Deporte y agresión. Madrid*: Alianza.

Caillois, R. (1985). *Teoría del juego. Barcelona*: Barral.

Cardona, M.C. et al. (2010). *Alumnado con pérdida auditiva.* Barcelona: Graó.

Cassany, D., Luna, M. & Sanz, G. (1994). *Enseñar lengua.* Barcelona: Graó.

Castañer, M. y Camerino, O. (2001). *La educación física en la enseñanza primaria.* Barcelona: Inde.

Ceballos, O. et al. (2018). *Actividad física y deporte.* Barcelona: Inde.

Chinchilla, J.L. y Zagalaz, M.L. (1997). *Educación física y su didáctica en primaria.* Málaga: Atype.

Chomsky, N. (2003). *La arquitectura del lenguaje.* Barcelona: Kairos.

Contreras, O. (2019). *Didáctica de la educación física: un enfoque constructivista.* Barcelona: Inde.

Contreras, O., Arribas, S. & Gutiérrez, D. (2017). *Didáctica de la educación física por modelos para educación primaria.* Madrid: Síntesis.

Costa, M. y López, E. (1996). *Educación para la salud. Una estrategia para cambiar los estilos de vida.* Madrid: Pirámide.

Coubertin, P. (1965). *Memorias olímpicas.* Madrid: Comité Olímpico Español.

Coubertin, P. (1973). *Ideario olímpico.* París: Doncel.

Delgado, M.A. (1991). *Los estilos de enseñanza en educación física.* Granada: Universidad de Granada.

Delgado, M.A. y Tercedor, P. (2002). *Estrategias de intervención en educación para la salud desde la educación física.* Barcelona: Inde.

Del Valle, M.S. y García, M.J. (2007). *Cómo programar en educación física paso a paso.* Barcelona: Inde.

Devís, J. (1996). *Educación física, deporte y currículum. Investigación y desarrollo curricular.* Madrid: Aprendizaje Visor.

Díaz, J. (1999). *La enseñanza y aprendizaje de las habilidades y destrezas motrices básicas.* Barcelona: Inde.

Domínguez, N. (2015). *Análisis pedagógico de la vuelta a la calma en las clases de educación física: un estudio de casos (tesis doctoral inédita).* Málaga: Universidad de Málaga.

Domínguez, N. (2016). *Juegos para la vuelta a la calma en la educación física y el deporte.* Sevilla: Wanceulen.

Domínguez, N. (2020). Educación física global: fundamentos didácticos. Málaga: Caligrama.

Domínguez, N. (2022). *El poder de la educación nos hace infinitos: enseñanza primaria.* Málaga: Editorial La Rueca.

Esteve, J.M. (2008). *La tercera revolución educativa: la educación en la sociedad del conocimiento.* Madrid: Paidós.

Fernández, J. (2009). *Un currículo para la diversidad.* Madrid: Síntesis.

Fernández, J. y Santos, M.A. (1992). *Evaluación cualitativa de programas de educación para la salud.* Málaga: Aljibe.

Florence, J. (1991). *Tareas significativas en educación física escolar.* Barcelona: Inde.

Freire, P. (1975). *Pedagogía del oprimido.* Madrid: Siglo XXI.

Fullonet, F. et al. (2013). *Aprender a aprender con el deporte.* Barcelona: Inde.

García, J.A. y Berruezo, P. (1994). *Psicomotricidad y educación infantil.* Madrid: CEPE.

García, A. et al. (1995). *Los juegos en la educación física de los seis a los doce años.* Barcelona: Inde.

Gather, M. (2004). *Innovar en el seno de la institución escolar.* Barcelona: Graó.

Gimeno, J. y Pérez, A. (1985). *La enseñanza: su teoría y su práctica.* Madrid: Akal.

González, C. (1987). *Juegos y educación física.* Madrid: Alhambra.

Granero, A. (2010). *Actividades físicas en el medio natural.* Sevilla: Wanceulen.

Hernández, J.L. y Velázquez, R. (2004). *La evaluación en educación física. Investigación y práctica en el ámbito escolar.* Barcelona: Graó.

Huertas, J.A. y Montero, I. (2001). *La interacción en el aula. Aprender con los demás.* Buenos Aires: Graó.

Huizinga, J. (1992). *Homo Ludens.* Madrid: Alianza.

Jares, X.R. (2006). *Pedagogía de la convivencia.* Barcelona: Graó.

Larson, E. (2022). *El mito de la inteligencia artificial.* Madrid: Shackelton.

Lázaro, A. (2000). *Nuevas experiencias en educación psicomotriz.* Zaragoza: Mira Editores.

Le Boulch, J. (1992). *Hacia una ciencia del movimiento humano: introducción a la psicokinética.* Barcelona: Paidós.

Lleixá, T. y Sebastiani, E. (2016). *Competencias clave y educación física.* Barcelona: Inde.

Matlin, M.W. y Foley, H.J. (1996). *Sensación y percepción.* Monterrey: Hispanoamericana.

Medina, A. (1987). *Cómo globalizar la enseñanza en los primeros años de la escolaridad.* Madrid: Cincel.

Meinel, K. y Schnabel, G. (2004). *Teoría del movimiento. Motricidad deportiva.* Buenos Aires: Stadium.

Montull, J.A. (1992). Juegos y más juegos para el tiempo libre. Madrid: CCS.

Mosston, M. (1988). *La enseñanza de la educación física.* Barcelona: Paidotribo.

Neira, M. (2017). *Educaçao física cultural: o currículo em açao.* Lisboa: Labrador.

Omecaña, J.V. (2008). *Educación física para la escuela rural. Singularidades, implicaciones y alternativas en la práctica pedagógica*. Barcelona: Inde.

Omecaña, J.V. (2017). *Aprendizaje cooperativo en educación física*. Madrid: CCS.

Parlebás, P. (2001). *Juegos, deportes y sociedad. Léxico de praxiología motriz*. Barcelona: Paidotribo.

Perrenoud, Ph. (2012). *Cuando la escuela pretende preparar para la vida*. Barcelona: Graó.

Piaget, J. (1984). *La representación del mundo en el niño*. Madrid: Morata.

Pieron, M. (1988). *Didáctica de las actividades físicas y deportivas*. Madrid: Gymnos.

Pieron, M. (1999). *Para una enseñanza eficaz de las actividades físico-deportivas*. Barcelona: Inde.

Platonov, V.M. (1991). *La adaptación en el deporte*. Barcelona: Paidotribo.

Polaino-Lorente, A. (1987). *Educación para la salud*. Barcelona: Herder.

Polya, G. (1995). *Cómo plantear y resolver problemas*. México: Trillas.

Prieto, J.A. (2009). *Técnicas de relajación y trabajo corporal en el medio acuático*. Sevilla: Wanceulen.

Rodríguez, P.L. (2006). *Educación física y salud en primaria: hacia una educación corporal, significativa y autónoma*. Barcelona: Inde.

Rosales, C. (2009). *Didáctica: innovación en la enseñanza*. Santiago: Andavira.

Rosell, C., Soro-Camats, E. & Basil, C. (2010). *Alumnado con discapacidad motriz.* Barcelona: Graó.

Ruiz, L.M. (1995). *Competencia motriz.* Madrid: Gymnos.

Sáenz-López, P. (2002). *La educación física y su didáctica.* Manual para el profesor. Sevilla: Wanceulen.

Sánchez, F. (1984). *Bases para una didáctica de la educación física y el deporte.* Madrid: Gymnos.

Sánchez, F. (2010). *La actividad física orientada hacia la salud.* Madrid: Biblioteca Nueva.

Sánchez-Alcaraz, B., Díaz, A. y Valero, A. (2014). *Mejora de la convivencia escolar a través de la educación física. El modelo de responsabilidad personal y social.* Madrid: Académica Española.

Santos, M.A. (2014). *La evaluación como aprendizaje.* Madrid: Morata.

Sarramona, J. (2000). *Teoría de la educación.* Barcelona: Ariel.

Seners, P. (2001). *La lección en educación física.* Barcelona: Inde.

Singer, R. (1986). *El aprendizaje de las acciones motrices en el deporte.* Barcelona: Hispano Europea.

Tchakarova, I. (1983). *El juego en grupo.* Madrid: Anaya.

Tobón, S. (2004). *Formación en competencias. Pensamiento complejo, diseño curricular y didáctica.* Bogotá: Eco.

Torrijos, C. Y Sánchez, J.C. (2023). *La primavera de la inteligencia artificial.* Madrid: Paidotribo.

Trigo, E. (1994). *Aplicación del juego tradicional en el currículum de educación física.* Segundo volumen. Barcelona: Paidotribo.

Viciana, J. (2002). *Planificar en educación física.* Barcelona: Inde.

Vinuesa, M. y Coll, J. (2010). *Teoría básica del entrenamiento.* Madrid: Editorial Esteban Sanz.

Vygotsky, L. (2010). *Pensamiento y lenguaje.* Barcelona: Paidós.

Weineck, J. (2004). *Entrenamiento óptimo.* Barcelona: Hispano Europea.

Zabala, A. y Arnau, L. (2014). *Métodos para la enseñanza de las competencias.* Barcelona: Graó.